AF250634

DE M. MAUGUIN

ET

DE SON ALLIANCE RUSSE,

PAR

M. DESTOURMIZ DE GRANGEVILLE.

PARIS

CHEZ GRIMBERT ET DOREZ, LIBRAIRES,

RUE DES GRANDS-AUGUSTINS, 20.

1841

PARIS. — IMPRIMERIE D'A. RENÉ ET Cie,

RUE DE SEINE, 32.

DE M. MAUGUIN

ET

DE SON ALLIANCE RUSSE.

A peine sortie d'une bévue (l'alliance de l'Egypte), nous voyons la France sur le point de tomber dans une autre (l'alliance de la Russie).

Un écrivain a dit déjà que quelques-unes de nos notabilités, le maréchal Marmont et autres, fêtées, choyées, caressées en Egypte, sont revenues épancher sur la France l'effusion de leur reconnaissance , comptant complaisamment les vertus du Pacha par les banquets qu'ils avaient reçus, entrevoyant les magnificences des escadres de Méhémet-Ali, des régiments d'Ibrahim à travers le prisme trompeur des fumées du champagne. La France, dupe de ces rapports , a dépensé en armements inutiles plus de 1,200 millions. C'est payer un peu cher la carte de ces festins.

En l'an 40, M. Mauguin, le célèbre orateur, a voyagé en Russie. Le Czar, les Boyards l'ont fêté, choyé, caressé.

La pérégrination de M. Mauguin n'a été qu'un enchaîne-
ment de fêtes, de repas ; et à peine la chambre des dé-
putés ouverte, M. Mauguin n'a fait qu'un bond de Saint-
Pétersbourg à la tribune, où il est venu épancher le trop-
plein de sa reconnaissance et de sa gratitude.

La France pourrait bien, si elle n'y prend pas garde,
payer aussi la carte des banquets de M. Mauguin.

La bévue égyptienne n'était que ridicule, la bévue
moscovite serait désastreuse.

Savez-vous ce que veut M. Mauguin ? Il veut donner
Constantinople à son cher ami l'empereur Nicolas ; il veut
le laisser s'inféoder la Grèce, l'Asie-Mineure pleine de
Grecs ses coréligionnaires ; il veut davantage....... mais
laissons-le parler :

« La Russie, maîtresse de Constantinople, prend l'A-
« sie-Mineure, arrive en Perse, pousse la Perse sur les
« Indes anglaises. Maîtresse de l'embouchure du Danube,
« elle s'empare de son cours, elle soulève la Hongrie,
« agite la Bohême. La Russie à Constantinople se trouve
« en main tous les éléments. Pour la plus forte marine,
« elle a les bois, les goudrons, tout en abondance enfin.
« Elle trouve sur les bords de la mer Noire un personnel
« maritime immense. » (*Séance du 3 décembre.*)

Et après ce pompeux étalage de l'avenir que M. Mauguin destine à la Russie, c'est le plus sérieusement du
monde qu'il propose de lui livrer Constantinople.

Quoique un tel système, imaginé dans l'intérêt moscovite et parconséquent peu français, soit en opposition
avec tout esprit d'ordre et d'équilibre européen, quoique

cette hérésie immole totalement tous nos intérêts com-
merciaux dans la Méditerranée, quoiqu'elle mène la
Russie à la domination universelle, mette notre marine
militaire au troisième ordre, et notre marine marchande
au néant, malgré tout cela, dis-je, cette manière de voir
a fait de nombreux prosélytes en France; cette politique
funeste a de nombreux partisans, et voici pourquoi:

M. Mauguin, indépendamment de son éloquence di-
serte et lumineuse, exerce comme chef du libéralisme
une influence sur la presse et sur la multitude. En outre
de cela, les Français, comme l'on sait, veulent à toute
force se voir insultés par le traité de Londres; l'on n'est
pas bon Frrrrrançais dans les cafés et tabagies si l'on ne
voit pas bien exactement une injure dans ce traité signé
après des invitations réitérées d'y prendre part. Or l'u-
topie Mauguin s'emparant de ces rancunes nationales veut
punir l'Angleterre en s'alliant avec la Russie; et, pour
priver la *perfide Albion* de toute influence dans le Levant,
elle propose de le concéder, ce Levant et sa métropole,
aux Moscovites.

Ainsi, en remuant les petites passions, en s'avanta-
geant de motifs de vengeance et en couvrant tout ce fa-
tras anti-français de l'égide de sa popularité, ce député
pourrait bien réussir à réaliser la dernière moitié de la
prophétie de Napoléon à Sainte-Hélène : *Avant un siècle
l'Europe sera républicaine ou cosaque.*

Nous le répétons: après l'alliance égyptienne il n'y
avait rien de plus monstrueux à imaginer que l'alliance
moscovite. Ainsi le peuple le plus libéral du monde, le

plus démocratique, ne peut donc pas se passer de fraterniser avec le courbasche ou avec le knout!

Puisque les nombreux partisans de l'alliance russe se motivent de patrioterie pour courir à ce renversement de la balance des intérêts européens, nous leur poserons une question :

Nous tomberons d'accord avec eux que la nation anglaise s'est jouée de nous, qu'elle a signé le traité du 15 juillet sans nous prévenir, qu'il y a injure. Puisqu'aujourd'hui le patriotisme français consiste à soutenir envers et contre tous que l'on a reçu un soufflet et à donner une loupe aux gens pour leur en faire découvrir l'empreinte, si c'est possible ; puisque enfin l'on passe pour un mauvais Français si l'on n'étale pas triomphalement sa joue qu'on prétend insultée, nous abonderons dans ce sens, mais nous demanderons si la Russie n'a pas signé ce traité si sanglant ; et dans le cas que nous trouvions le nom de Brunow au bas de cet acte, nous demanderons pourquoi il faut récompenser la Russie en nous dépouillant de toute influence dans le Levant, en sacrifiant notre commerce, en lui cédant Constantinople, et l'Asie-Mineure, et la Perse, et les bouches du Danube, etc., etc.

Nous demanderons encore aux bons Français de M. Mauguin pourquoi il faut sacrifier l'empire Ottoman qui a sauvé la France du temps de Soliman et de François Ier? pourquoi il faut le sacrifier à la Russie qui a ruiné l'empire napoléonien et mené les étrangers à Paris? M. Mauguin convient lui-même de la reconnaissance que la France doit à la Turquie ; il a dit dans la séance du 4

décembre : « Rappelez-vous la lutte de la monarchie fran-
« çaise contre la monarchie de Charles-Quint. La monar-
« chie française dut son salut à Soliman, à ses troupes, à
« ses vaisseaux. » Or, si la monarchie française dut tout
cela à la Turquie, je ne sais pas trop pourquoi il faudrait
livrer cette Turquie à la Russie à laquelle nous devons les
funérailles de la plus belle armée et la destruction du
plus glorieux empire.

M. Mauguin fait semblant de se tromper et de ne voir
de compromis que les commerces de l'Angleterre et de
l'Autriche dans cette descente des Russes sur l'Archipel;
il dit : « La Russie se jetterait-elle sur l'Archipel, et que
« nous importe ? Et pourquoi par un donquichotisme po-
« litique défendrions-nous et l'intérêt de l'Angleterre et
« l'intérêt de l'Autriche ? qu'elles se défendent elles-
« mêmes ! »

Nous ne voyons pas bien clairement les avantages de
l'Autriche dans le Levant. Quant aux intérêts anglais, ils
existent ; mais nous pouvons certifier que s'il y a une nation nécessairement portée pour la Turquie, ce doit être
la France.

L'empire turc, grâces à la volonté ferme, éclairée et
sage de son jeune sultan pour le régénérer, grâces à
Reschid-Pacha, à Ahmet-Fethi-Pacha, à ces prudents
conseillers dont il s'est entouré, l'empire turc, disons-
nous, se relève ; et la carrière qu'il est destiné à parcourir sera également avantageuse aux Ottomans et aux al-
liés, mais aux Français particulièrement.

Chaque peuple a sa destination. Le Turc ne sera pas

manufacturier, industriel, fabricant ; son climat ne le veut pas , son ciel s'y oppose : le Turc sera agricole.

Qu'en Angleterre, qu'en France, on enferme des populations entières, des villages entiers dans des fabriques, le ciel le veut ainsi parceque ce ciel est constamment pluvieux ; la vie intérieure est ici nécessaire, dans nos pays couverts de neige pendant l'hiver, froids et humides une bonne partie de l'année. Mais sous le ciel d'or de l'Ionie aucune loi humaine ne pourrait contraindre les populations à s'enfermer de six heures du matin à huit heures du soir dans les geôles de la manufacture , à respirer cette atmosphère méphitique des fabriques lorsque au dehors le Zéphire se joue, plein de vie et de santé.

Le Turc sera donc agriculteur. Il sera agriculteur, 1° parcequ'il ne pourrait pas lutter contre les produits manufacturés de l'Occident ; et 2° parceque son sol donnera des denrées nécessaires à l'Europe et que l'Europe ne pourra jamais produire les soies, l'opium, l'indigo, les cotons, les eaux de rose, la canne à sucre, la cochenille, les huiles d'olive.

Or, puisque l'avenir commercial de la Turquie doit être un échange de ses récoltes contre nos objets manufacturés, s'il est une nation heureusement placée pour ces relations, c'est la France. Smyrne et Marseille sont sœurs.

Marseille pour ses fabriques de savon emploie cent fois plus d'huile que n'en donnent la Provence et le Gard. Elle en demande à l'Espagne, à la Calabre, de tous les côtés. L'Asie-Mineure lui en fournira de fort bonnes et à meilleur marché, une fois qu'une bonne organisation administrative aura réveillé l'indolence des Turcs, une fois que le goût de la propriété se sera propagé sous l'heureuse influence de ce Hatti-Schériff de Gul-Hané, si sage et si plein de mausuétude, de douceur.

Mulhouse, Lyon, Saint-Etienne, pour leurs rubans, leurs soieries, leurs tissus, ont besoin des cotons de l'E- gypte et des soies de Brousse. L'agriculture prospérant, grâce à l'écoulement de ses produits, le Turc sentira le besoin du bien-être, l'aiguillon du luxe, et recevra en échange les tissus français.

La France appelle les blés d'Odessa, de Taganrok ; mais une fois les vastes plaines de la Turquie d'Europe défrichées, une fois l'agriculture encouragée et protégée dans les campagnes de la Roumélie, la France aura à bien meilleur marché les céréales turques, et placera ses savons, ses draps, etc.

Or si, conformément aux prôneurs de l'alliance russe, vous livrez tous ces pays aux Moscovites, le commerce du monde est changé, c'est au nord qu'ils s'approvision- neront; Marseille fait faillite et Odessa lui prend son sceptre d'abondance.

Laissez donc l'Osmanlis pasteur et agricole dans ces contrées. Lorsque l'administration de Reschid-Pacha ré- tablit si vite et si bien les affaires, lorsque le Grand-Sei- gneur étonne l'Europe par des lois si modérées, si pater- nelles, n'allez pas interrompre la réforme et tout boule- verser encore pour atteindre un but anti-français, pour donner les clés du Bosphore au czar, pour ruiner notre marine marchande, nos manufactures de Lyon, de Marseille, pour créer une nouvelle rivalité à notre pavillon, pour lancer les escadres de la mer Noire dans les eaux de Smyrne, de Toulon, d'Alger.

Et puis est-ce bien à la France à appeler de nouveau les invasions des Scythes? N'y a-t-il pas une position morale que la France s'est faite à la tête de la civilisation du monde? N'est-ce pas en raison de cette position morale que des Egyptiens, des Turcs, des Chinois, des Persans viennent étudier dans nos écoles? N'est-ce pas sur nos institutions que la Turquie a modelé les siennes? N'est-ce pas sur notre charte que la charte de Gul-Hané a été calquée? Ne sont-ce pas des Français qui vont, missionnaires de civilisation, former l'artillerie, les quarantaines dans les échelles du Levant? Par quelle rage de tout remettre en question, de tout détruire, d'étouffer la Turquie dans sa renaissance, appeler le pavillon russe à Constantinople?

La France abdique-t-elle donc le sceptre des lumières? Si Reschid-Pacha, dans le travail difficile qu'il accomplit avec tant de courage et de bonheur, doit compter sur une approbation, n'est-ce pas celle de la France, de cette France qu'il est venu étudier, approfondir, parcourir, admirer? Si le Sultan veut bien se priver de l'autorité sans bornes des Amurath, des Bajazet, des Orcan, ses ancêtres, n'est-ce pas les yeux sur la France qu'il fait cela? Ne sont-ce pas les applaudissements français qui doivent être sa plus douce, sa plus flatteuse récompense? Et, au lieu de cela, le Sultan verra cette France si vantée travailler dans l'intérêt de la Russie ; il verra cette France se faire l'eunuque de Nicolas ! Le gouvernement français repose sur des principes démocratiques, il vante ses institutions libérales ; et il appellerait l'autocrate russe sur l'empire au moment précis où le clément Abdul-Medjid vient d'affranchir les Grecs, les Arméniens, les Juifs, tous ses rayas ! La France, ce pays si libéral, voudrait en faire des serfs moscovites ! Vraiment, nous le répétons, après sa tendresse pour le kourbasche, il ne manque plus à la France que de baiser le knout.

Mais, pour préserver la Russie des fautes où l'entraînerait l'amitié déréglée de M. Mauguin, il suffit de faire un appel à la raison de l'empereur Nicolas, et de lui répéter ce passage d'un écrit de M. Marin sur l'Orient :

« Catherine II enfanta le projet d'asseoir sur le Bos-
« phore sa capitale ; mais ce n'était guère qu'une de ces
« idées incomplètes de femme, qui ne résistent pas à l'a-
« nalyse ; une idée enfin d'une impératrice trop adulée
« pour approfondir ses inspirations. Depuis Catherine II
« il est survenu de bien grands événements et de bien
« grands hommes ! un entre autres, Napoléon, ne cessait,
« à Sainte-Hélène, d'admirer l'inexpugnable position de la
« Russie, qui peut, disait-il, attaquer douze mois de l'an,
« et qui n'est attaquable que trois mois.

« Aussi, qui fera la guerre à la Russie ? Après les évé-
« nements de 1830, Louis-Philippe notifie à Nicolas son
« exaltation au trône, et n'en reçoit qu'une réponse amè-
« rement ironique. Un an après, la Pologne est mise à feu
« et à sang, malgré les grincements de dents de la France.

« L'Angleterre est insultée par la Russie, qui s'empare du
« *Vixen* dans la mer Noire. La Russie s'est impatronisée
« dans la république libre de Cracovie, en dépit des trai-
« tés de 1815.

« Malgré tous ces sujets de mécontentement, qui por-
« tera la guerre en Russie après la catastrophe de
« 1812-13?

« Mais si l'autocratie russe possédait Constantinople,
« elle se rendrait vulnérable, car ce serait à Constanti-
« nople que la France eût vengé la Pologne, et l'Angle-
« terre l'insulte du *Vixen*. Ce serait à Constantinople que
« la politique continentale menacerait constamment le
« czar; ce serait à Constantinople qu'on pourrait frapper
« cette puissance d'une manière douloureuse.

« Si en temps de guerre la possession du Bosphore af-
« faiblirait la Russie, elle ne lui serait pas moins préjudi-
« ciable en temps de paix, parceque sa population s'écou-
« lerait vers le soleil, dans le sens de ces fleuves dont le
« trop-plein vient se dégorger dans le canal de Byzance.
« Ses provinces du nord se dégarniraient, l'empire s'affai-
« blirait du côté de la Suède et de la Pologne, et sa capi-
« tale sur le Bosphore serait toujours exposée à un coup
« de main d'une puissance maritime. »

D'ailleurs il serait temps de quitter un peu ce ton de
dédain dont on se sert quand on traite dans nos Chambres
des destinées de la Turquie. Généralement on ne voit
dans cet état qu'une proie inerte dont peut s'emparer le
premier convoiteux, et cela sans la moindre résistance. Il
est temps enfin de juger de ces seize millions de sujets du

Sultan avec un peu plus d'égards. Non, il ne serait pas si facile de prendre la Turquie, et après plusieurs bonnes raisons je vous en dirai une décisive.

Le soldat turc est brave ; il est patient mais résolu aussi ; il reçoit les grêles de la mitraille sans s'émouvoir parcequ'il est imbu des dogmes du fatalisme qui lui dit que s'il est écrit dans le ciel qu'il doit mourir là c'est inutile d'aller plus loin. Ce qui manque à de pareils soldats, ce sont des chefs habiles, des généraux, des tacticiens qui sachent faire mouvoir les masses, disposer un plan de bataille, faire donner la cavalerie à propos, enlever des batteries à la baïonnette. Or il ne faut pas croire que ce soit impossible à trouver et même sur-le-champ. Il y a en France, en Pologne, de bons généraux de l'école de Napoléon, qui iraient prendre le fès à Constantinople s'ils y étaient appelés par le Grand-Seigneur, comme a fait Soliman-Pacha (Sèves) en Égypte.

On a vu dans les Balkans le soldat turc arrêter les Russes durant toute l'année 1828. A de pareils combattants il n'eût fallu qu'un Brune, qu'un Masséna, qu'un Poniatowski.

Et parceque l'empire a été battu au nord par les Russes et au midi par les Égyptiens, on en conclut que l'empire est à la merci du premier occupant. Mais dans l'histoire a-t-on vu un peuple ne se relever jamais de ses défaites ? Après les sanglantes déroutes de Créci, de Poitiers, d'Azincourt, la France a-t-elle été pour toujours aux Anglais ? Rome ne se releva-t-elle pas après les défaites de Trébie, de Trasimène et de Cannes ?

Mais savez-vous dans quelle position se trouvait la Turquie lorsqu'elle a subi les échecs d'Andrinople et de Koniah? L'état militaire venait d'être changé. L'ochlocratie des Janissaires avait poussé ses excès tyranniques au dernier point; en 1821, lors de l'insurrection d'Ypsilanti en Grèce, ils s'étaient jetés comme des loups sur les Grecs du Phanar; Mahmout indigné voulut se délivrer de cette milice qui le tenait en tutelle, et il s'en délivra, comme avait fait Pierre-le-Grand des Strélitz. Mais la Turquie s'affaiblit par ce coup d'état pourtant nécessaire. Ce fut peu après que la guerre s'alluma au nord et au midi, ce fut dans ces circonstances difficiles que le sultan eut deux luttes à soutenir. Qu'y a-t-il d'étonnant que lorsque l'empire se fut délivré de cette soldatesque effrénée, et avant qu'il eût formé de nouveaux soldats, qu'y a-t-il d'étonnant que, pris au dépourvu, il ait été battu? Mais à présent chaque jour l'armée se forme, elle se discipline; l'artillerie se monte, s'instruit; le service médical s'organise. Tout n'est pas encore parfait sans doute, car il faut du temps; mais certes la Turquie ne serait pas une proie aussi facile à saisir que se l'imaginent les avocats de nos Chambres.

La France est formidable de sa force révolutionnaire. La France est redoutée parcequ'elle peut faire explosion comme un volcan et couvrir les États voisins de ses laves républicaines. Fort bien! nous ne contestons pas ce privilége à la France; mais il faut que l'on sache que la Turquie a aussi son volcan à déchaîner; il faut aussi que l'on sache que la Turquie peut faire appel au fanatisme religieux; il faut que l'on sache que dans un cas pressant elle peut arborer le drapeau du Prophète et appeler tous les Musulmans à la guerre sainte.

Le jeune sultan veut bien la réforme; ses sages conseillers, Reschid-Pacha, Ahmet-Féthi-Pacha et autres, sont portés de bonne foi à la tolérance, à la douceur; ils veulent bien civiliser leurs peuples; mais nous conseillons à l'Europe de traiter avec un peu plus d'égards les intérêts turcs, et de vouloir bien compter pour quelque chose l'empire ottoman dans les combinaisons de la politique; nous le lui conseillons d'autant plus vivement, que si enfin poussé à bout, irrité du dédain des autres puissances ou de leurs inconséquences, le Sultan déchaînait le fanatisme religieux des Osmanlis contre les Giaours, les populations franques du Levant seraient les premières victimes. La France est redoutable pour sa propagande révolutionnaire, soit; mais la Turquie a aussi de quoi se faire craindre; que M. Mauguin et son parti n'oublient pas que plus d'un million d'Européens seraient, dans le Levant, sous le yatagan des Osmanlis, s'il prétendait faire présent de la Turquie aux Russes en retour des festins qu'il a reçus à Saint-Pétersbourg.